Françoise Egli
Der Überfluss des Lebens

AF239010

Françoise Egli

# *Der Überfluss des LEBENs*

Mit einem Vorwort von René Egli, dem Autor des
Buchbestsellers «Das LOLA-Prinzip»

# Inhaltsverzeichnis

1. Vorwort   7

2. Ein Bild sagt mehr als tausend Worte   9

3. Eine Super-Methode?   17

4. Die Macht in uns   19

5. Ich bin alles!   23

6. Die Geschichte vom Grossen
   und Kleinen Ich   24

7. Die einzige Lebensaufgabe   107

8. Das LEBEN kennt kein Reklamationsbüro   113

9. Wie gelangt man in den Überfluss
   des LEBENs?   117

10. Ein Brunnen ohne Boden   121

«Meiner Meinung nach muss allem eine ausgesprochen einfache Idee zugrunde liegen.

Und meiner Meinung nach wird diese Idee, wenn wir sie schliesslich entdeckt haben, so zwingend, so schön sein, dass wir zueinander sagen werden:

Ja, wie hätte es auch anders sein können.»

*John Wheeler,* Physiker
The Creation of the Universe

«Die Welt, Freund Govinda, ist nicht unvollkommen, oder auf einem langsamen Wege zur Vollkommenheit begriffen: nein, sie ist in jedem Augenblick vollkommen.»

*Hermann Hesse,*
Siddhartha

«Das was ist, ist die Lösung.»

*Françoise Egli*

# 1. Vorwort

Sie können das Leben eines Menschen analysieren – so wie ich es im LOLA-Prinzip getan habe.
Sie können Situation um Situation eines Menschen analysieren.
Sie werden immer die drei Teile des LOLA-Prinzips finden können, aber: Sie werden das Paradies, den Überfluss des LEBENS, nicht finden.

Jede Analyse freut den Kopf, weil er glaubt, etwas gelernt zu haben, etwas erkannt zu haben. Aber: Sie werden dem LEBEN um keinen Schritt näher kommen!
Im Gegenteil: **Mit jeder Analyse entfernen Sie sich noch mehr vom Überfluss des LEBENS.** Analyse hat nämlich sehr viel mit bedingter Liebe, aber nichts mit bedingungsloser Liebe zu tun.

Über zehn Jahre ununterbrochene Beschäftigung mit dem LOLA-Prinzip und dem LEBEN haben mich zu folgender Erkenntnis gebracht:
Wir können mit unseren Köpfen analysieren so viel wir wollen – wir werden trotzdem nie verstehen, wie «Es», das LEBEN, wirklich gelebt werden soll.

Das hier vorliegende Buch ist keine Analyse, sondern **eine praktische Anleitung zum Leben.**

Die Texte in diesem Buch stammen nicht aus einem Kopf.

Die Texte in diesem Buch stammen direkt aus dem LEBEN – aus dem Grossen Ich. (Das LEBEN spricht zu allen Menschen, aber die meisten Menschen sind viel zu beschäftigt mit so genannt wichtigeren Dingen, um die Sprache des LEBENS zu hören.)

Deshalb sind diese Texte nicht dazu gedacht, mit dem Kopf verstanden und analysiert zu werden. Persönlich wäre es mir zwar manchmal lieber, man könnte alles mit dem Kopf verstehen, aber wirklich verstehen kann man nur mit dem Herzen. Entweder berühren die Texte direkt jede Zelle unseres Körpers (wie ein Gedicht, ein Gemälde oder ein Musikstück), oder sie bewirken gar nichts.

Wenn man mich auf eine einsame Insel verbannen würde und ich nur ein einziges Buch mitnehmen könnte: ich würde das hier vorliegende Buch mitnehmen. Hier steht alles, wirklich alles, drin, was man für jede denkbare Situation seines Lebens benötigt. Mehr braucht es nicht.

Mehr wäre weniger.

# 2. Ein Bild sagt mehr als tausend Worte

In dem hier vorliegenden Buch wird eine ganz bestimmte Art von Zeichnungen verwendet. Diese Zeichnungen sind Symbole; sie symbolisieren ein ganz bestimmtes Menschenbild. Alle Texte in diesem Buch basieren auf diesem Menschenbild.

Jeder Mensch – ohne Ausnahme – besteht aus dem, was wir hier Kleines Ich und Grosses Ich nennen.

**Das Kleine Ich** symbolisiert unseren Kopf und das heisst: die Ratio, den Verstand, unser Denken. Die Sichtweise des Kleinen Ichs ist sehr begrenzt, weil es völlig in der Zeit lebt und somit nicht weiss, was morgen geschehen wird. Dies hat zur Folge, dass es oft in Angst und Sorge um seine Zukunft lebt und oft nicht weiss, wie es sich entscheiden soll. Weil die Angst ein ständiger Begleiter des Kleinen Ichs ist, muss sich das Kleine Ich überall festhalten und nach allen Seiten hin absichern. Dies wird symbolisch dargestellt durch die Greifarme am Kopf des Kleinen Ichs.

Mit diesen symbolischen Greifarmen halten wir uns an Menschen, an Geld, an Diplomen und vor allem an ganz bestimmten Überzeugungen (z. B. «das Leben ist ein Kampf» oder «ich bin ein Opfer») fest.

Weil das Kleine Ich in der Zeit lebt, lebt es im Mangel. (Siehe dazu die nachfolgenden Texte.)

Und ausserdem lebt das Kleine Ich in lauter Illusionen (Ziele, Wünsche, Erwartungen, Pläne, Hoffnungen, usw.), von denen es allerdings glaubt, es sei die Realität. Wie intensiv wir Menschen uns an diesen Illusionen festhalten, sieht man dann, wenn man einem Menschen sagt, er solle die Ziele, die Wünsche, die Erwartungen, die Pläne, die Hoffnung etc. weglassen. Der Kopf liebt die Illusionen sehr.

**Das Grosse Ich** symbolisiert das LEBEN, die universelle Intelligenz, **über die jeder Mensch verfügt.** Im Unterschied zum Kleinen Ich, das fast nichts weiss und deshalb viel lesen und lernen muss, verfügt das Grosse Ich über alle Informationen. Es ist allwissend. (Gott ist allwissend.) Dies ist deshalb so, weil es hier keine Zeit gibt. Wo keine Zeit ist, ist alles gleichzeitig vorhanden; somit auch alle Informationen.

**Und wo keine Zeit ist, ist Überfluss und nicht Mangel.**

Das Grosse Ich kann auch als Gott bezeichnet werden. Wir ziehen allerdings den Ausdruck LEBEN (gross geschrieben) vor, weil er neutraler ist. Im Unterschied zum Kleinen Ich (Kopf) steht das Grosse Ich (das LEBEN) logischerweise mit beiden Beinen fest auf dem Boden der Realität, der Tatsachen. Deshalb hat es so grosse Füsse.

Und weil das Grosse Ich logischerweise keine Angst hat, besitzt es keine Greifarme. Wer keine Angst hat, wer sich total sicher fühlt, für den gibt es keinen Grund, sich irgendwo festzuhalten – schon gar nicht an irgendwelchen Illusionen.

Ganz entscheidend für das Verständnis der nachfolgenden Texte ist die Tatsache, dass **jeder Mensch** sowohl aus dem Kleinen Ich als auch aus dem Grossen Ich besteht! Jeder Mensch ist gleichzeitig begrenzt und unbegrenzt, ist gleichzeitig im Mangel und im Überfluss! Die Frage ist nur: **wo lenken wir unser Bewusstsein, unsere Aufmerksamkeit hin?** Auf das begrenzte Kleine Ich oder auf das unbegrenzte, allwissende Grosse Ich?

Zwischen dem Grossen und dem Kleinen Ich existiert ein elastisches Band. Dieses Band symbolisiert die Tatsache, dass das Grosse und das Kleine Ich immer miteinander in Beziehung stehen und dass vom Grossen Ich (vom LEBEN) permanent eine Anziehungskraft auf das Kleine Ich wirkt.

Nur merkt das Kleine Ich dies sehr selten. Alle Anstrengungen des Kleinen Ichs gehen nämlich eigenartigerweise in die andere Richtung, weg vom LEBEN, weg vom Grossen Ich, weg vom Überfluss. Das Kleine Ich zieht also in die eine Richtung, und das Grosse Ich zieht in die andere Richtung. Das Grosse Ich ist immer DA, hier und jetzt, nur das Kleine Ich ist meistens weit weg vom Hier und vom Jetzt, deshalb hört es die Sprache des LEBENS nicht oder nur ganz selten. Weil es die Sprache des LEBENS nicht hört, ist es sehr oft unsicher und von Ängsten und Sorgen geplagt.

Wenn das Kleine Ich «im Rucksack» des Grossen Ichs wäre, dann wäre es im Hier und Jetzt, dann wäre es EINS mit dem LEBEN. Das Grosse Ich ist nämlich identisch mit dem was wir oft als das «Hier-und-Jetzt» bezeichnen.

Das LEBEN, das Hier und Jetzt, das Grosse Ich, ist ein winzig kleiner Punkt, in welchem nichts ist; aber in diesem Nichts ist alles. (Für den Kopf ziemlich schwierig zu verstehen, aber man soll ja nicht analysieren.)

Die meisten Menschen wissen nichts vom Grossen Ich. Dieses Nicht-Wissen ist es, was das Leben (klein geschrieben) vieler Menschen relativ schwierig macht.

Dies hier war eine mit Hilfe des Kopfes vorgenommene Analyse der Zeichnungen des Grossen und Kleinen Ichs.
**Bitte beachten Sie aber**, dass diese Zeichnungen **nicht** durch eine Analyse zustande gekommen sind. Die Zeichnungen sind nicht durch Nachdenken aus dem Kopf entstanden, sondern sozusagen aus dem Bauch heraus. Es war ein Sehen und nicht ein Analysieren. Eines Tages waren diese Zeichnungen ganz einfach da, aus dem Hier und Jetzt heraus, aus dem Grossen Ich ohne den Umweg über den Kopf. Es gibt Menschen, die würden das vielleicht als «Channeling» bezeichnen.

*René Egli*

# Danksagung

Ich bedanke mich bei «meinem Grossen Ich», das es geschafft hat, meinem Kleinen Ich die nachfolgenden Texte und Zeichnungen als Geschenk zu geben.

Und ich bedanke mich bei allen Kleinen Ichs, meinem Mann, meinen Kindern und allen Bekannten, die um mich herum leben.

*Françoise Egli*

# 3. Eine Super-Methode?

Lieber Mensch, Du wünschst Dir nichts sehnlicher als eine Super-Methode, eine Art Schrank mit Hunderten von Schubladen, die Du nach Belieben öffnen und wieder schliessen kannst. Auf jeder dieser Schubladen steht der Name einer ganz bestimmten Problemkategorie: Finanzielle Probleme, Eheprobleme, Depressionen, Kindererziehung, alle Arten von Krankheiten, Entlassung, Nachbarschaftsprobleme, Probleme mit dem Vorgesetzten, Probleme mit den Mitarbeitern, Probleme mit Kunden usw. usf. Jedes Mal, wenn ein Problem auftaucht, gehst Du zum Methoden-Schrank, ziehst an der entsprechenden Schublade und findest die Lösung (die Methode) für Dein Problem.

Wenn Dein Leben genau nach Deinen Wünschen verläuft, wenn also keine Probleme auftauchen, dann kümmerst Du Dich nicht um diesen Methoden-Schrank. Du gehst nur dann zu ihm, wenn es Dir passt – und das heisst: wenn Du ein Problem hast.

Aber so geht das nicht!

Das LEBEN ist kein Trick, den Du von Zeit zu Zeit anwenden kannst wie ein Zauberkunststück. Das LEBEN ist immer – von morgens bis abends. Und **es gibt keine Schubladen**, in denen für jedes Problem fein säuberlich eine Methode, ein Medikament, versteckt ist.

Nein, nein und nochmals nein!

Das LEBEN ist etwas Wunderbares, etwas Gewaltiges, etwas Heiliges, das man nicht trennen und in einen grossen Schrank mit unzähligen Schubladen einsperren kann. Das LEBEN ist etwas, das in jedem Augenblick da ist, nicht nur dann, wenn es uns passt, wenn wir nichts Wichtigeres zu tun haben, oder wenn wir ein Problem haben.

Das LEBEN ist etwas, mit dem man mitgehen muss, etwas, das man lieben muss,
etwas, das man jeden Augenblick verehren muss,
**egal wie dieser Augenblick aussieht.**

Wenn Du dies tun würdest, Kleines Ich, dann bräuchtest Du nicht mehr den Super-Methodenschrank mit den Hunderten von Schubladen, die Dich immer weiter von Deiner Quelle, dem wahren LEBEN, der totalen Sicherheit, entfernen. Das, Kleines Ich, ist schlicht und einfach genial!

# 4. Die Macht in uns

Geben Sie nichts und niemandem Macht über Ihr Leben!
Niemand ausser Ihnen hat die richtigen Antworten für Ihr Leben. Fragen Sie nicht Ihre Freunde, Bekannten oder Verwandten.

Hören Sie auf das Wissen und die Macht, die sich in jeder Zelle Ihres Körpers befinden. Es ist die Macht und das Wissen der bedingungslosen Liebe. Jeder Mensch hat seine eigene Art, diese bedingungslose Liebe in sich zu entdecken. Manchmal muss das LEBEN viele unangenehme Geschenke («Katastrophen») abliefern, bis uns «ein Licht aufgeht». Und manchmal bringen uns die so genannten «Katastrophen» noch weiter weg vom LEBEN.

**Zweifeln Sie niemals an der Liebe des LEBENS!**

Unsere Zweifel entfernen uns nämlich von dieser Liebe.
Aber diese Liebe ist immer da – nur wir haben uns von der Quelle des LEBENs, der bedingungslosen Liebe, entfernt.

Durch das WISSEN,
dass das LEBEN uns liebt,

dass das LEBEN ein Schatz ist,
dass das LEBEN uns **in jedem Augenblick** das liefert,
was für uns richtig und wichtig ist,
entdecken wir wieder die bedingungslose Liebe –
und das ist das Paradies.
Ja, das Paradies ist die bedingungslose Liebe.
Das Paradies ist ohne Zeit.
Ohne Zeit bedeutet: Ohne Illusionen.
Ohne Zeit bedeutet: Ohne Erwartungen, ohne Ziele,
ohne Hoffnung auf irgendetwas … **und ohne Angst!**
Das Paradies ist die totale Sicherheit, unabhängig von
Ihrem Bankkonto oder von Ihrem Alter. (Oder können
Sie sich ein Paradies vorstellen, in dem Angst herrscht?)

Und jetzt kommt das Wunderbare, das für den Kopf im
wahrsten Sinne des Wortes Unglaubliche: Wir müssen
nichts tun, um wieder der bedingungslosen Liebe in uns
zu begegnen! **Wir müssen «nur» wissen, dass alles, was
in unserem Leben geschieht (die täglichen Geschenke),
eine Manifestation der Liebe des LEBENS ist!**

Durch die täglichen Geschenke – angenehm oder unangenehm! – hilft uns das LEBEN unaufhörlich, die
Macht der Liebe in uns zu entdecken.

Sie können mit Ihrem Kopf unablässig nach Lösungen
für Ihre privaten oder beruflichen Probleme suchen.
Sie können lesen, so viel Sie wollen und konkrete Bei-
spiele von so vielen Menschen hören und analysieren,
wie Sie wollen – Sie werden niemals – niemals! – dieser

Macht in Ihnen begegnen, so lange Sie wie ein Blinder vor den täglichen Geschenken des LEBENS stehen.

Sagen Sie «einfach» Danke für das, was ist, und suchen Sie **keine logischen Erklärungen** mit Ihrem Kopf. Der Kopf ist zwar nicht dumm, aber er weiss nichts. Leben Sie einen Tag nach dem anderen, und bleiben Sie dankbar.

Und plötzlich gibt es keine Fragen mehr, keine Zweifel, keine Angst, aber ein wunderbares Gefühl von Sicherheit, von Geborgenheit und von Einheit mit allem, was ist.

Das Paradies!

Ich liebe das LEBEN.

Ich liebe Sie.

# 5. Ich bin alles!

Es existiert nichts ausser mir selbst:
keine Form
keine Emotion
kein Gefühl
kein Gedanke.

Was ich sage,
was ich sehe,
was ich lese,
was ich von anderen wahrnehme:
das bin immer ich.

Ich sehe immer nur mich.
Ich spreche immer nur über mich.
Ich nehme in allem mich selbst wahr.
Der andere existiert nicht,
er ist «lediglich» mein Ebenbild.

GOTT schuf den Menschen nach seinem Ebenbild.
Ich erschaffe den anderen nach meinem Ebenbild.
Die Welt ist immer das, was ich bin.
Es ist immer alles ich.
Es gibt nichts ausser mir.

## 6. Die Geschichte vom Grossen und Kleinen Ich

Es waren einmal zwei Freunde, das Kleine und das Grosse Ich.

Sie waren immer zusammen,
von frühmorgens bis spätabends, am Tag und in der Nacht.
Niemandem war es je gelungen, sie zu trennen.

Sie fühlten sich glücklich miteinander und spielten,
sprangen umher und freuten sich des Lebens in
vollkommener Harmonie und Eintracht.
Sie liebten einander und wurden geliebt.

Sie befanden sich im Paradies, in vollkommener
Einheit, verbunden durch ein unsichtbares Band.

Das Grosse Ich war der Weisere von beiden, es verfügte über ein grosses Wissen über alles, vom ganzen Universum, und das Kleine Ich liebte es, den Geschichten des Grossen Ichs zu lauschen.

Eines Tages aber hatte das Kleine Ich genug der
weisen Ratschläge seines Freundes.
Es hatte Lust zu hören, was anderswo in der Welt
erzählt wurde.
Es hatte gehört, dass es eine Welt voller Überraschungen gebe, voller Schmerz und Unglück, und es fragte
sich, wie diese Welt wohl ausschauen mochte.

Eines frühen Morgens,
ohne seinem Freund, dem Grossen Ich, ein Wort
zu sagen, brach das Kleine Ich zum grossen Abenteuer
auf.

Und das GROSSE ABENTEUER begann.

Das Kleine Ich verlor sogleich einen grossen Teil seines Augenlichts.

Es sah nicht mehr das wunderbare und warme Licht, das bis anhin sein Wesen gewärmt hatte, stattdessen machte es die Erfahrung der geheimnisvollen Finsternis.

Halb erblindet lief das Kleine Ich lange lange Zeit. Zu Beginn war es von dieser Entdeckungsreise in der Welt des Schmerzes fasziniert.

Es traf auf andere Kleine Ichs, die so waren wie es, und während Stunden und Stunden erfanden sie gemeinsam neue Welten, kritisierend, urteilend, vergleichend.

Sie nahmen sich äusserst ernst, und aufgeblasen von einem Gefühl der Wichtigkeit schliefen sie ein, im Glauben, dass sich hier das Glück befände.

Zu Beginn hatte das Kleine Ich noch das Gefühl, mit seinem Freund, dem Grossen Ich, in Kontakt zu stehen.

Es meinte abends und manchmal auch tagsüber dessen Stimme von fern her zu vernehmen. Aber je mehr es mit den anderen Kleinen Ichs zusammen war, desto mehr empfand es diese freundschaftliche Stimme als störend.

Sie suggerierte ihm seltsame Dinge, die in völligem Gegensatz zu dem standen, was es machen wollte.

Und so kam es, dass sich das Kleine Ich immer weiter von seinem Freund, dem Grossen Ich, entfernte.

Seine Sicht verschlechterte sich immer mehr, so dass es schlussendlich blind wurde. Und gerade es, das immer den Duft der Freude geatmet hatte, das immer Fröhlichkeit gewesen war, das sich nie mit irgendwelchen Fragen rumgeplagt hatte, fing tatsächlich an, sich Sorgen zu machen:

Wo mochte bloss sein Weg in dieser Finsternis sein?

Es begann, Emotionen zu verspüren:
Angst – Unsicherheit – Freude von kurzer Dauer.
Es dachte:
Wenn ich Diplome habe …
Wenn ich Geld habe …
Wenn ich eine Familie habe …
Wenn ich … wenn ich … und so erschuf es sich viele
Wünsche, die alle äusserst schwierig zu verwirklichen
waren in dieser vollkommenen Dunkelheit, die es
umgab.

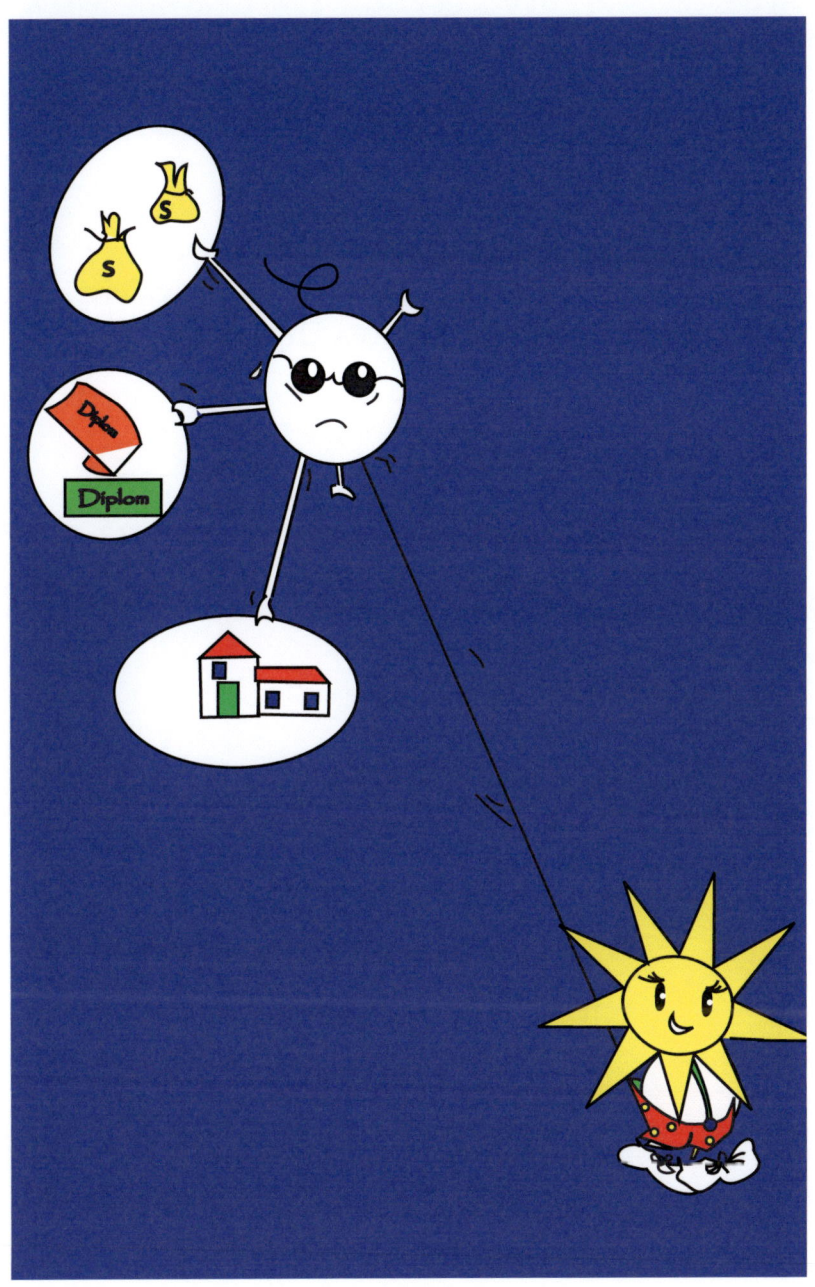

Es erhielt Diplome.
Es klammerte sich an seine Diplome,
aber es war nicht glücklich, denn da waren andere,
die hatten noch die viel besseren Diplome.

Es erhielt Geld.
Es klammerte sich an sein Geld,
aber es war nicht glücklich, denn da waren andere,
die hatten noch viel mehr Geld.

Als es reich war, hatte es viele Freunde,
als es arm war, verlor es sie alle, und es verstand,
dass es keine Freunde gewesen waren.

Es führte ein wichtiges gesellschaftliches Leben, aber es rannte der Zeit nach und fürchtete sich schliesslich, nicht mehr genügend Zeit zu haben.

Es trauerte der Vergangenheit nach,
es hatte Angst vor der Zukunft.

Es verurteilte sich, beschuldigte sich.
Es wurde von allen Seiten angegriffen:
Von seinen Liebsten, von seinen Freunden, …
Es wollte sich verteidigen, sich rechtfertigen,
so kam es, dass das Kleine Ich in den Krieg zog.

Es wollte überall als gut gelten,
es wollte sich für gute Zwecke einsetzen,
es wollte den Unterdrückten helfen,
es wollte gegen diese ungerechte Welt ankämpfen.

Das Kleine Ich gewann manche Schlacht,
doch eines Tages stellte sich ihm ein
stärkerer Gegner in den Weg.

Es wurde krank, sogar sehr krank,
und spürte den Tod an seiner Seite.

Erschöpft und erschreckt von all der Finsternis, die es umgab, von dieser Leere, in der es sich befand, begann das Kleine Ich zu weinen.

Es weinte lange – eine Stunde – einen Tag –
ein Jahrhundert – das weiss niemand genau.
Es weinte, ohne als etwas anderes erscheinen zu
wollen, das es gar nicht war. In diesem Augenblick war
es bloss es selbst, denn es akzeptierte seine
Schwäche ...

Da spürte es eine Wärme in sich aufsteigen.
Es fühlte sich von einer schützenden Hülle umgeben, und nun hörte es eine Stimme, eine leise Stimme, eine Stimme wundervoll klar, lachend
und voller Hoffnung, und es erkannte in dieser
Stimme seinen Freund, das Grosse Ich.

«Guten Tag
Kleines Ich»

Niemals war das Grosse Ich von der Seite seines geliebten Kleinen Ichs gewichen, doch in seiner grossen Weisheit hatte es das Kleine Ich nicht daran gehindert, seine Erfahrungen mit der Welt zu machen. Erfahrungen, die notwendig waren, damit das Kleine Ich verstand, wo sein richtiger Weg lag.

Das Kleine Ich war höchst erstaunt, seinen Freund zu hören, den es auf ewig verloren geglaubt hatte. So sprach das Grosse Ich zu ihm:
Ich liebe dich, glaubst du, dass man diejenigen, die man liebt, verlässt?

Dank deiner Erfahrungen hast du die Angst, die Unsicherheit, die Leere kennengelernt, aber wenn du dich auf die Wärme der Liebe, die in dir wie auch in jedem anderen Kleinen Ich steckt, konzentriert hättest, hättest du keine Angst mehr gehabt, hättest du keine Furcht vor der Leere verspüren müssen.

Mein armes Kleines Ich, du scheinst ziemlich traurig und enttäuscht von deinem Abenteuer im Land der Dualität zu sein.

Oh, mein Grosses Ich. Dich wieder zu hören wärmt mein Herz.
Ich glaubte schon, für immer allein in dieser Welt der Korruption, der Lügen und des Streites zu sein.

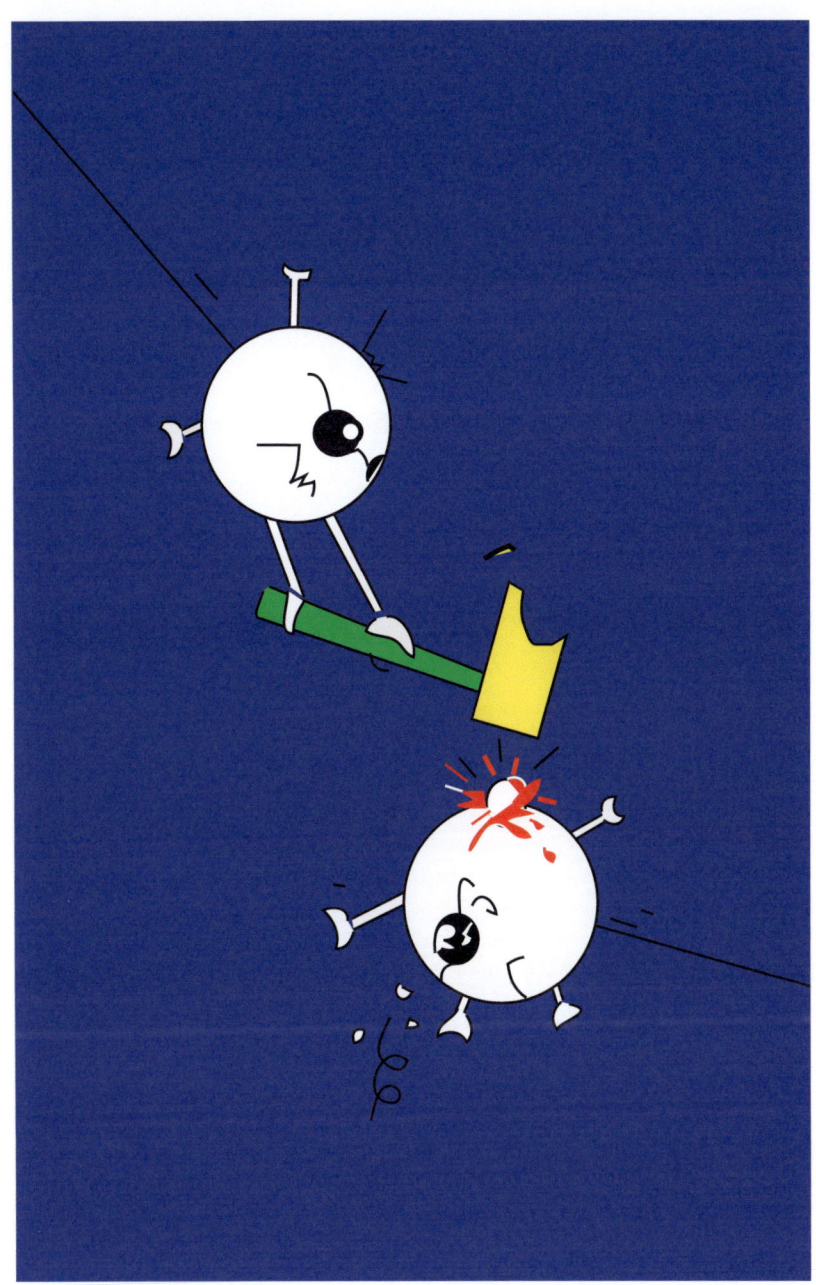

Kleines Ich, du allein wolltest diese Erfahrungen leben, denn niemand anders als du hast über dein Leben entschieden.

Hör auf zu urteilen, zu kritisieren; das führt dich nirgendwo hin.

**Du allein bist für deine Situation verantwortlich.**

Aber bedaure nichts,
wisse nur, dass was du auch immer getan hast, ich
habe dich immer geliebt und beschützt.
Kleines Ich, ich liebe dich mit einer urteilslosen Liebe,
mit einer Liebe, die keine Grenzen kennt.

Oftmals hast du dich in Unsicherheit geglaubt.
Du bist aber immer in Sicherheit. Es genügt, dass
du mit mir lebst – jeden Augenblick deines Lebens.
Als du mich nicht mehr anhören wolltest,
als du dich von mir getrennt hast,
haben deine Probleme begonnen.

Kehre zu deiner Einheit zurück, Kleines Ich,
denn dort befindet sich die Lösung für all deine
Probleme!

# EINHEIT

Habe Vertrauen in mich.
Du nennst mich Grosses Ich, denn ich bin die
universelle Intelligenz, die mit allem in Kontakt steht.

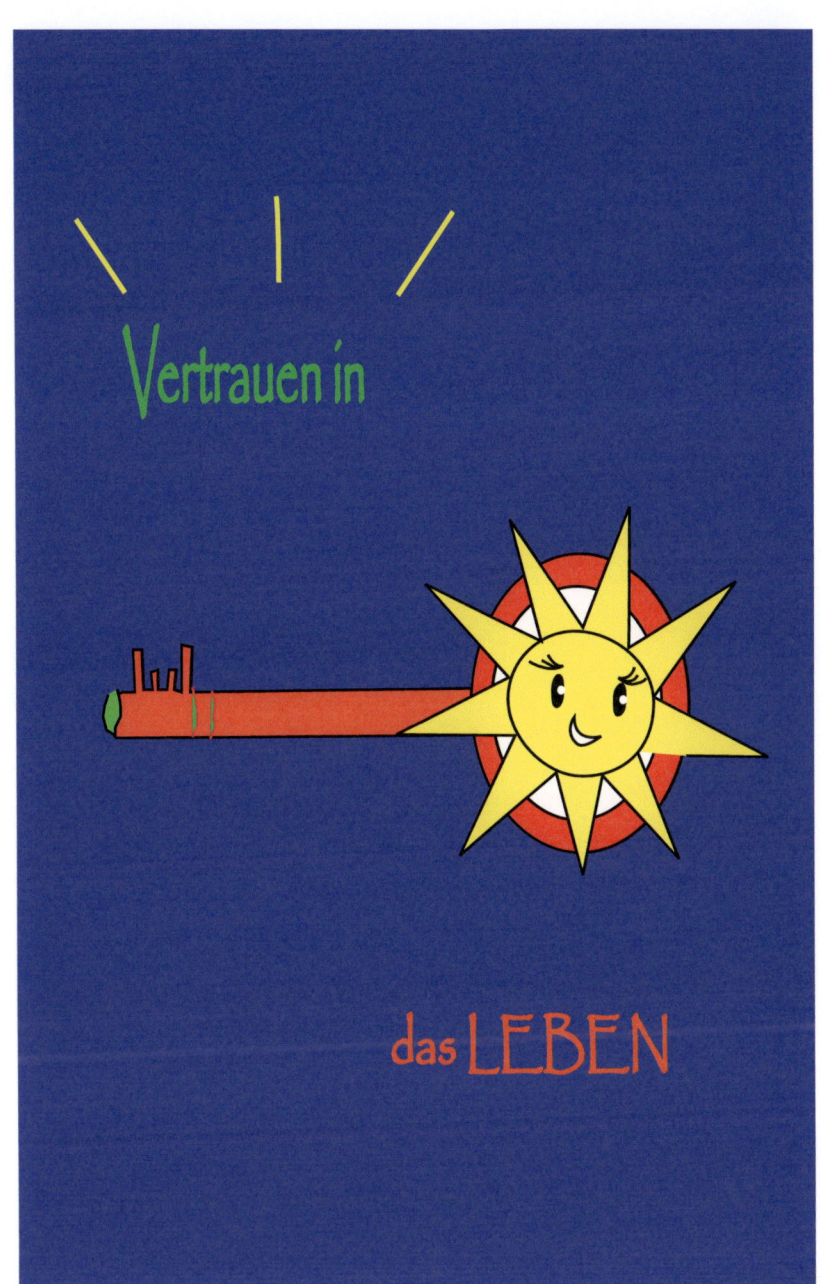

Du hast geglaubt, mit deinem Kopf erschaffen zu können.

Wisse, dass der Kopf nichts erschafft, da ja alles schon da ist.

Es reicht, wenn du mit dem Leben gehst, ohne Gewalt, ohne Gegenwehr, dann wird dir alles, was für dich gut ist, gegeben werden.

Doch dazu musst du mir vertrauen.
Du hast dich für ziemlich intelligent gehalten mit deinem Kopf.
In Tat und Wahrheit hast du dir jedoch nur Probleme geschaffen.

Ich habe dich in einen Kampf gegen dich selbst aufbrechen sehen.
Ich habe dich in alle Richtungen rennen sehen auf der Suche nach dir selbst.
Ich habe gesehen, wie du dich verurteilt, kritisiert hast.
Ich habe dich vor Angst zittern sehen.
Oft habe ich versucht, auf mich aufmerksam zu machen, aber du warst zu beschäftigt, um mich zu hören.
Du hast viel unnötigen Lärm gemacht, weisst du!

So habe ich halt gewartet, was willst du,
ich habe eben viel Geduld.
Das Leben ist lang, ich habe alle Zeit, du übrigens
auch, das weisst du doch, nicht wahr?

Komm mit mir, ich werde dir zeigen,
wie faszinierend das Leben ist.
Wisse, dass dich deine Emotionen immer weiter vom
Leben weg entfernen.
Sie hindern dich daran, das einzig wahre Gefühl zu
leben:
Die Liebe gegenüber allem.

Mein Kleines Ich, das Leben ist einfach.
Es genügt, dass du dem Leben für alles dankst.
Du hast immer ausserhalb von dir nach Antworten ge-
sucht, dabei kommt doch alles von innen.

Alles kommt

von innen.

Dein Mangel an Vertrauen bewirkt alle deine Probleme.
Warum kannst du nicht mehr spüren, dass das Leben, das wahre Leben, dir nur Gutes will?

Alles was du getan hast, hat dich von deiner Quelle
entfernt – dem Leben.
Du hast dich krampfhaft an allem festgehalten, was
sich bewegt.
Lass los!

Du hast dir eine Welt der Illusionen erschaffen. Das, was du Leben nennst, hat nichts mit DEM LEBEN zu tun.
Verstehst du?

Je weiter du dich von deiner Quelle entfernt hast, desto mehr hast du meine Hosenträger gespannt. Und je mehr du an ihnen gerissen hast, um dich an irgendwelchen Illusionen festzuhalten anstatt zu leben, desto dünner sind sie geworden.

Und wenn du weiterhin an ihnen ziehen würdest, würden sie reissen, und das wäre dann das, was du Tod nennst!

Es genügt, deine Illusionen loszulassen,
und die Hosenträger werden dich, ähnlich wie
eine Feder, an den Ort deiner Quelle zurückbringen.
Dorthin, wo das Vertrauen herrscht, die Sicherheit,
die totale Kommunikation mit allem.
Ist das nicht wunderbar?

Los, komm mit!
Steig auf meine Schultern, wie du es früher so gerne tatest, als du noch im Paradies warst, und ich werde dich führen.
Du brauchst es nur zu wollen, und du bist wieder dort. Ich bin da, ich warte auf dich, habe Vertrauen, das Paradies ist da –
HIER und JETZT.

Das Kleine Ich spürte im tiefsten Inneren, dass sein Freund die Wahrheit sprach.

Es hatte geglaubt, dass man auf dieser Welt besitzen müsse,
dass man um jeden Preis jemand sein müsse,
dass man sein Leben im Schweisse seines Angesichtes verdienen müsse ...
Und so hatte es alles verloren.
Es verstand nun, dass all dies
es ausser sich gebracht hatte. Es hatte sich im Aussenraum verloren.

Wie einfach ihm dieser Weg doch vorkam: Leben, ohne sich Fragen zu stellen, einfach nur im Vertrauen, in der Wärme seines Grossen Ichs.

HURRA !

Das LEBEN ist einfach !

So sprang es kurzerhand in den Rucksack des Grossen Ichs und ging leichten Herzens leben, ohne all dies zu bedauern, was es durchgemacht hatte, und was es zurückliess, einfach nur dem Jetzt vertrauend mit dem Wissen, dass sich dort **sein Glück** befindet.

Ihr Kleine Ichs,
Ihr alle habt ein Grosses Ich,
doch jedesmal, wenn Ihr Euch und anderen gegenüber
einen lieblosen Gedanken aussendet, entfernt Ihr Euch
von Eurem Grossen Ich.

Nur ein einziger Gedanke der Liebe
und Ihr findet Euren Freund, das Grosse Ich, wieder.

# 7. Die einzige Lebensaufgabe

Wenn man Rosen zum Geburtstag erhält, dann ist das ein wunderbares Geschenk; man freut sich darüber und sagt natürlich Danke.

Wenn man nach langer Zeit einen geliebten Menschen wieder trifft, dann ist das ebenfalls ein Geschenk, und es fällt uns nicht schwer, Danke zu sagen.

Wenn wir eine Arbeit ausführen, die uns Freude bereitet und mit der wir unseren Lebensunterhalt sehr gut verdienen, dann ist auch das ein grosses Geschenk, und es ist kein Kunststück, Danke zu sagen.

Wenn wir einen Lebenspartner haben, der nie schlechte Laune hat, der uns immer alle Wünsche erfüllt, der uns Blumen und Champagner schenkt, der mit uns in den Urlaub fährt, dann ist das ebenfalls ein grosses Geschenk, und es fällt uns nicht schwer, diesen Menschen zu lieben.

Wenn wir Kinder haben, auf die wir stolz sein können, weil sie ordentlich und fleissig sind und gute Noten nach Hause bringen, dann ist auch das ein grosses Geschenk, und es ist klar, dass wir diese Kinder lieben und dafür dankbar sind.

Wenn wir gesund und voller Energie sind, dann ist auch das ein grosses Geschenk, für das wir selbstverständlich sehr dankbar sind.

Es versteht sich von selbst, dass es unserem Kopf, der Ratio (dem Kleinen Ich), leicht fällt, die soeben erwähnten Situationen als Geschenke zu betrachten. Trotzdem kommt es oft vor, dass wir sogar vergessen, für diese Geschenke Danke zu sagen, weil wir uns so sehr daran gewöhnt haben oder weil wir vor lauter Zielorientierung ganz einfach «keine Zeit» dazu haben. Oft nimmt unser Kopf diese angenehmen Situationen als selbstverständlich, ohne sich darüber Gedanken zu machen, weshalb das LEBEN so nett zu uns ist. Weshalb liebt mich das LEBEN so sehr?

Aber unser «Spaziergang» in diesem Leben zwischen Geburt und Tod besteht nicht nur aus angenehmen Situationen, wie oben beschrieben.

Wenn wir zum Geburtstag keine Geschenke erhalten, ist das dann auch ein Geschenk? Vermutlich sind wir enttäuscht.

Wenn wir einem Menschen begegnen, den wir lieber nicht sehen würden; ist das ein Geschenk? Das stört uns doch ganz beträchtlich. Ein komisches Geschenk.

Wenn wir eine Arbeit ausführen müssen, die uns nicht gefällt und sogar noch mit Arbeitskollegen, die wir nicht lieben und mit einem Vorgesetzten, der uns nicht mag: wo ist da das Geschenk?

Wenn wir uns mit Kunden rumschlagen müssen, die nie zufrieden sind und die immer ein Maximum an Leistung für möglichst wenig Geld erhalten wollen: das soll ein Geschenk sein?

Es ist schwierig, solche Situationen zu lieben, nicht wahr?

Wenn wir einen Partner haben, der uns nicht hilft, der nie zufrieden ist, der nörgelt, der immer Forderungen stellt, der uns vielleicht sogar betrügt, der trinkt und/oder unser ganzes Geld ausgibt: ist das ein Geschenk? Wir könnten uns andere, schönere Geschenke vorstellen, nicht wahr?

Wenn wir Kinder haben, die ständig streiten, die unordentlich sind, die immer das Gegenteil von dem tun, was wir wollen und die vielleicht sogar Drogen konsumieren: das soll ein Geschenk sein? Das sind doch eigenartige Geschenke.

Wenn wir krank sind, Depressionen haben, gelähmt sind: ist das ein Geschenk? Da soll uns doch einmal jemand erklären, wo in diesem Fall das Geschenk sein soll! Oder etwa nicht? Es ist schlicht und einfach unverständlich und frustrierend für den Kopf.

Es gibt viele Situationen, die unser Kopf kategorisch ablehnt, die er auf keinen Fall als Geschenke betrachten kann oder will.

Aber ob unser Kopf will oder nicht, ob er es kann oder nicht, ob er es versteht oder nicht:

**Alles, absolut alles, ist ein Geschenk des LEBENS.**

So unglaublich das auch klingen mag: es hat nichts zu tun mit einer irgendwie gearteten Bösartigkeit des LEBENS uns gegenüber. Überhaupt nicht! Im Gegenteil!!!

Es handelt sich hier um die bedingungslose Liebe, welche das LEBEN für uns Menschen hat. Das LEBEN (= Gott) ist nichts anderes als bedingungslose Liebe.

**Jeder Augenblick, wie auch immer er aussieht, angenehm oder unangenehm, ist ein Geschenk der bedingungslosen Liebe des LEBENS.**
**Das LEBEN liebt uns!**
**Immer!!**

Die einzige wirkliche Lebensaufgabe (wenn wir überhaupt von einer «Aufgabe» sprechen wollen), die wir auf diesem Planeten haben, ist, die bedingungslose Liebe, **die in jedem von uns ist**, wieder zu finden. Zu diesem Zwecke sind uns zahlreiche berufliche und familiäre Situationen gegeben – ähnlich wie Werkzeuge – mit denen wir arbeiten können. Wozu denn sonst?

Aber mit unserer Idee der Dualität haben wir ein Gefängnis kreiert, aus welchem wir jetzt nicht mehr herauskommen. Wir teilen permanent in «gut» und «böse», und je mehr wir urteilen, desto weniger nehmen wir wahr, was wir wirklich sind:

**Bedingungslose Liebe.**

Das ist die wahre Natur des Menschen!
Wir haben es schlicht und einfach vergessen.
Durch unser Urteilen haben wir uns von der Quelle getrennt, vom LEBEN, von der bedingungslosen Liebe.

Und im Verlaufe der «Zeit» haben wir dann unsere wahre Natur – die Liebe – völlig aus den Augen verloren und uns in ein Netz von Unsicherheit, Angst und Sorgen verstrickt, aus dem wir nicht mehr herauskommen und von dem wir glauben, es sei die Realität, weil wir nichts anderes kennen.

**Es gibt aber nur eine Realität:**
**Die bedingungslose Liebe.**

Alles andere sind Illusionen.

# 8. Das LEBEN kennt kein Reklamationsbüro

Die Ratio, das Kleine Ich, verbringt sehr viel Zeit

a) mit dem Analysieren, warum und weshalb dieses oder jenes geschehen respektive nicht geschehen ist
b) mit Reklamieren: dieses hätte so sein sollen und jenes hätte nicht so sein sollen
c) mit dem Vergleichen: jener Mensch hat es besser als ich
d) mit dem Erfinden und Erreichen von Zielen sowie
e) mit dem Planen und Absichern seines Lebens.

Mit anderen Worten: Das Kleine Ich verbringt sehr viel Zeit mit Dingen, die eigentlich nicht nötig wären, weil sie das Leben komplizierter machen. All diese an sich unnötigen Tätigkeiten kosten relativ viel Zeit und Energie. (Offenbar wissen wir irgendwo tief in unserem Inneren, dass es keine Zeit gibt.)

Nachdem es (das Kleine Ich) intensiv nach Lösungen für irgendwelche Probleme gesucht hat,
nachdem es viel Zeit mit dem Analysieren verbracht hat,
nachdem es viel Zeit mit Kritisieren und Reklamieren verbracht hat,
erhält es «Geschenke» (= Situationen), die es meistens nicht sehr schätzt. Und so fährt es dann fort mit dem

113

Analysieren, mit dem Kritisieren und Reklamieren über die Schwierigkeiten und Ungerechtigkeiten des Lebens.

Eine logische Folge davon ist, dass es weitere «Geschenke» erhält, die ihm noch viel weniger gefallen.

Und es kommt, wie es kommen muss: Mit der Zeit sieht sich das Kleine Ich tatsächlich als das Opfer widriger Umstände – und es wird viele andere Kleine Ichs finden, die es in dieser Meinung bestätigen werden. («Du hast wirklich Pech», «Das solltest Du Dir nicht bieten lassen», «Weshalb gerade Du?» usw. usf.)

All dies ist völlig in Ordnung. Es ist kein Problem, solange dem Kleinen Ich dieses Spiel gefällt. Aber es soll sich deswegen nicht beim Universum, beim LEBEN, beklagen. Das Universum (GOTT, das LEBEN) kennt kein Reklamationsbüro. Ein Reklamationsbüro gibt es logischerweise nur dort, wo Fehler gemacht werden; das LEBEN (= GOTT) macht aber keine Fehler!

**Reklamieren und Analysieren** bedeutet, die Geschenke des LEBENS, die direkt vor der Nase sind, nicht zu sehen.

**Reklamieren** bedeutet, dem LEBEN (= Gott) Vorwürfe zu machen, dem LEBEN Unvollkommenheit zu unterstellen.

**Reklamieren** bedeutet, sich über Gott zu beklagen.

Nach **Lösungen** zu suchen bedeutet, die Geschenke des LEBENS, die direkt vor der Nase sind, nicht zu sehen.

**Zielen** nachzujagen bedeutet, die Geschenke des LEBENS, die direkt vor der Nase sind, nicht zu sehen.

Es ist letztlich ganz einfach:
**Alles** was das Kleine Ich tut (analysieren, suchen, wünschen, sich beklagen, kämpfen etc.) ist ein Ausdruck der **Angst**.

**Angst** etwas zu verlieren.
(Geld, Gesundheit, einen Menschen, Ansehen, usw.)
**Angst** zu wenig zu haben.
(Geld, Gesundheit, Freunde, Erfolg, usw.)
**Angst** nicht zu gefallen, nicht geliebt zu werden.

**Je weniger wir in jedem Augenblick die Wunder des LEBENS sehen, desto mehr fühlen wir uns vom LEBEN verlassen – und desto grösser ist die Angst.**

Überall das LEBEN zu sehen, bedeutet, **immer** ein Gewinner zu sein – nicht nur ab und zu. Dies ist keine hübsche Theorie, dies ist die Realität.
Mehr oder weniger Umsatz,
mehr oder weniger Einkommen,
mehr oder weniger Gesundheit,
mehr oder weniger Erfolg,
mehr oder weniger Sicherheit,
mehr oder weniger Ansehen,

**wenn das Ihr Thema ist**

– dann werden Sie niemals das LEBEN hören
– dann werden Sie sich immer vom LEBEN verlassen
  fühlen
– dann werden Sie immer in der Angst leben.

Auch das ist in Ordnung.
Was die Ratio, das Kleine Ich, tut, ist letztlich ohne Bedeutung. Die Energie soll nämlich nicht in das Kleine Ich gehen, sondern in das Grosse Ich, in die universelle Intelligenz des LEBENS. Diese Energie ist in jedem von uns. Sie trägt uns, sie beschützt uns, sie liebt uns. Wir können nicht aus dieser Energie, aus dem LEBEN, herausfallen.

Also bitte: Weshalb reklamieren wir trotzdem immer wieder gegen diese universelle Intelligenz voller Liebe?

Aber: Selbst wenn wir analysieren, kritisieren und uns beklagen, das LEBEN liebt uns trotzdem.

# 9. Wie gelangt man in den Überfluss des LEBENs?

Jeden Tag, jeden Augenblick, begegnen wir dem LEBEN (gross geschrieben).
Wir sind uns dessen zwar selten bewusst, aber es ist trotzdem so.
In jedem Augenblick unseres Lebens, kürzer als ein Atemzug, sind wir
**entweder** mit dem Überfluss des LEBENS
**oder**
mit dem Mangel konfrontiert.

**Der Überfluss des LEBENS bedeutet:**
Hineingehen in den Punkt des LEBENS,
in das Hier und Jetzt,
wo alles vorhanden ist,
wo sich das Paradies befindet,
wo sowohl der spirituelle als auch der materielle Reichtum ist,
wo alle Energie ist,
wo die totale Sicherheit ist.

Wer diesen Punkt erreicht hat, der schöpft aus einem Brunnen ohne Boden, der ohne Ende Überfluss produziert.
Der Überfluss ist immer da, unerschöpflich.

Aber wie gelangt man in diesen Punkt?

**Eigentlich ganz einfach:**
Indem man jeden Augenblick, egal wie dieser Augenblick aussieht (das ist die Schwierigkeit für den Kopf), als Geschenk betrachtet, im Wissen darum, dass das LEBEN bedingungslose Liebe ist und uns nichts Böses antun will. Wir Menschen sind nur deshalb ständig in Schwierigkeiten, weil wir uns fast ausschliesslich auf unsere Ratio, auf unser Denken, verlassen. (Wir sind ja so stolz auf unsere Denkfähigkeit!). Wenn es uns gelingen würde, von morgens bis abends in dem Bewusstsein des «Alles-ist-ein-Geschenk-des-LEBENS» zu bleiben, dann wären wir in diesem heiligen Punkt des LEBENS, wo alles ist. Aber ohne sich dessen bewusst zu sein, «leben» die meisten Menschen in einem immerwährenden Mangel, im Gefängnis der totalen Dualität. Das Leben (klein geschrieben) dieser Menschen besteht aus einer Abfolge von guten Momenten (immerhin!) und von schlechten Momenten, von Freude und von Angst. Sie verbringen ihre Zeit mit einem ewigen Auf-und-Ab und sind fest davon überzeugt, dass es so sein muss, dass es immer so sein wird. Einmal freuen sie sich über ein angenehmes Ereignis, und kurz darauf beklagen sie sich über ein so genannt unangenehmes Ereignis. Aber es ist nur der Kopf, welcher die Ereignisse so sieht (und der Kopf ist sehr begrenzt).

**Die meisten Menschen wissen nicht, dass jeder Augenblick das LEBEN ist.** Sie unterteilen in wichtige und

118

unwichtige Dinge und Augenblicke. Aber Tatsache ist, **dass ALLES die Wichtigkeit des LEBENS hat.** So lange wir unser Leben von unserem Kopf beherrschen lassen, werden wir immer mit Höhen und Tiefen leben müssen; einmal vielleicht im Überfluss und kurz darauf wieder im Mangel.

Tatsache ist aber dies: Egal, was Sie jetzt gerade tun: Zähen putzen, Wäsche waschen, im Büro Briefe oder Rechnungen schreiben: immer handelt es sich um Arbeit am LEBEN. Die Art und Weise, **wie** Sie dies tun, hat gewaltige Auswirkungen auf Ihr Leben (klein geschrieben).

Alles, was wir in unserem Leben tun, dient einzig und allein dazu, uns zum LEBEN (und das heisst: zum Überfluss) zurück zu bringen. Oft führen wir unsere Tätigkeiten allerdings mit wenig Liebe, mit wenig Achtsamkeit und mit wenig Dankbarkeit aus –
und wundern uns dann, dass wir im Mangel leben.

**Tun Sie das, was das LEBEN Ihnen zu tun gibt, mit Dankbarkeit, mit Engagement, mit Liebe, und Sie brauchen sich nie um Ihre Zukunft zu sorgen.**

**Eines Tages werden Sie sich im Punkt des LEBENS befinden, ohne dass Sie sich dessen gewahr sind – und der Kampf und der Mangel haben ein Ende.**

Ich liebe Sie.

# 10. Ein Brunnen ohne Boden

**In jedem Augenblick** ist das Kleine Ich (die Ratio, unser Kopf) im Kontakt mit dem LEBEN, der Universellen Intelligenz.

**In jedem Augenblick** erhält das Kleine Ich ALLES vom LEBEN, von der Universellen Intelligenz.

**In jedem Augenblick** empfängt das Kleine Ich Geschenke des LEBENS.

**In jedem Augenblick** schöpft das Kleine Ich aus einem Brunnen ohne Boden.

**In jedem Augenblick** bräuchte sich das Kleine Ich nur zu bücken, um die Geschenke des LEBENS zu pflücken.

Aber: In jedem Augenblick nimmt das Kleine Ich Formen wahr. Mit unseren fünf Sinnen nehmen wir andere Kleine Ichs (Menschen), andere Formen, wahr. Wir sehen Gegenstände, Zahlen, Situationen – alle Arten von Formen. Diesen Formen, die uns umgeben, ordnen wir bestimmte Eigenschaften zu: Gewisse Formen sind sympathisch, andere unsympathisch; einige Formen sind schön, und andere Formen sind hässlich; es gibt Formen, die sind dick und andere sind dünn; dann gibt es Formen, die sind intelligent und andere sind dumm.

Sobald das Kleine Ich eine Form wahrnimmt, hat es schon eine Gegen-Form erschaffen. Und sofort ist es in der Dualität, in der Analyse. Unser Kopf reagiert immer in Bezug auf Formen, welche er bewertet. Und somit umgibt sich das Kleine Ich mit immer mehr Formen – und mit Angst. Indem wir mit unserer Ratio die Formen als einzige Realität anerkennen, nehmen wir zwangsläufig immer nur die **bedingte** Liebe wahr: Einmal lieben wir eine Form und ein anderes Mal lieben wir eine Form überhaupt nicht. Die bedingte Liebe urteilt andauernd. Und sie glaubt, im Namen des Guten gegen das Böse kämpfen zu müssen. Damit hat sich das Kleine Ich ein Gefängnis aus Begrenzungen erschaffen.

Das Kleine Ich hat völlig vergessen, was es in Wirklichkeit ist. In dem es sich auf die Formen konzentriert hat, hat es alle Energie den Formen gegeben, und es hat vergessen, dass es viel mehr ist als die Form. Es hat vergessen, dass es auf diesen Planeten gekommen ist, um die bedingungslose Liebe zu leben, um seine Quelle, das LEBEN, den Überfluss, die Liebe ohne Anfang und Ende wieder zu finden. All die Formen sind **nicht** da, um es zu begrenzen; sie sind **nicht** da, um es einzusperren. Durch diese Formen (Menschen, Gegenstände, Zahlen etc.) spricht das LEBEN zum Kleinen Ich (zu uns).

**Um die bedingungslose Liebe wieder zu finden, die Du, Kleines Ich, seit Urzeiten verzweifelt suchst, musst Du durch die Formen hindurch schauen. Du darfst nicht an den Formen, an der Oberfläche, kleben bleiben. Wenn Du *durch* die Form schaust, nimmst Du das LEBEN wahr. Wenn Du *durch* die Form schaust, nimmst Du die bedingungslose Liebe wahr.**

**Wenn Du *durch* die Form schaust, nimmst Du den Über-
fluss des LEBENS wahr, den Brunnen ohne Boden.**

In jedem Augenblick bietet das LEBEN dem Kleinen
Ich das Beste, aber mit seinen fünf Sinnen haftet es an
der Oberfläche, die ihm nicht immer gefällt.

Wenn das Kleine Ich, einen Franken/EURO in seiner
Kasse hat, dann hat es nicht einen Franken/EURO in
seiner Kasse, sondern den Überfluss des LEBENS;
denn hinter der Form „ein Franken/EURO" befindet
sich das LEBEN, der Überfluss, der Brunnen ohne Boden! (Aber wie will  man den Überfluss erkennen,
wenn man an der Form „ein Franken/EURO" haften
bleibt?! Das ist un-möglich.)
Wenn wir sehen, dass dieser eine Franken/EURO,
den wir  in unseren Händen halten, das LEBEN ist, das
ALLES, dann sind wir im Frieden. Dann treten wir ein
in die Welt ohne Grenzen, ohne Angst, ohne Zeit, wo
ALLES gleichzeitig da ist. Dann nehmen wir durch die
Formen hindurch in jedem Augenblick **die Liebe des
LEBENS** wahr.

**Öffne die Tür Deines Gefängnisses, Deiner Begren-
zungen, Kleines Ich, und Du wirst das wieder finden,
was Du wirklich bist:
Das LEBEN. Das Grosse Ich. Die Universelle Intelligenz.
Die Energie ohne Anfang und Ende. Der Überfluss.
*Ein Brunnen ohne Boden.***

Das LEBEN ist ein Schatz!

## Die LOLA-Puppe

Höhe:        ca. 37 cm
Gewicht:     ca. 170 gr
Material:    Stoff
ISBN-Nr.:    3-905586-04-5

Die Beziehung zwischen Mensch und LEBEN
am Beispiel einer Puppe.

## Das Gesamtangebot der Editions d'Olt

Das $LOL^2A$-Prinzip –
Die Vollkommenheit der
Welt
ISBN-Nr.: 978-3-9520606-0-5

Das $LOL^2A$-Prinzip, Teil 2

    Eine Abhandlung über die
    Nullzeit
    ISBN-Nr.: 978-3-905586-14-5

Illusion oder Realität?
    ISBN-Nr.: 978-3-905586-06-0

Die LOLA-Puppe

«Das LOLA-Prinzip – Die Voll-kommenheit der Welt» existiert u.a. auch in den Sprachen **Englisch, Französisch, Italienisch, Spanisch, Chinesisch, Russisch** und **Portugie-sisch.**

Sämtliche Publikationen stammen ausschließlich von unseren zwei Autoren Françoise Egli und René Egli.

www.lolaprinzip.ch
www.lolaprinzip.de
egli@lola-prinzip.ch


Druck:
Libri Plureos GmbH
Friedensallee 273
22763 Hamburg


3. Auflage 2026

ISBN 978-3-905586-13-8
© 2005 by Editions d'Olt /Françoise Egli